향기묵상
다이어리

이 책은 책값의 5%씩 적립되며, 일정 금액이 모아지면 추후
은퇴하신 목회자님과 선교사님들을 섬기는 사역에 쓰일 예정입니다.

기독교인을 위한
향기묵상 다이어리 for me

지은이 이상훈
펴낸이 조현영
펴낸곳 산

초판 1쇄 인쇄 2022년 10월 5일
초판 1쇄 발행 2022년 10월 10일

출판신고 2021년 7월 26일 제 453-2021-000006호
31961 충청남도 서산시 해미면 용암휴암길 305
Tel 010-4963-5595 Email san-book@naver.com

ISBN 979-11-975878-5-6 03230

www.facebook.com/san20210801

기독교인을 위한

향기
묵상
다이어리
for me

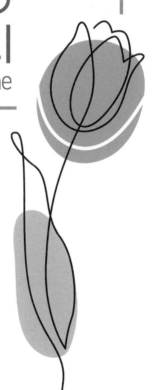

이상훈 지음

신

입안이 답답하고 텁텁할 때가 있다. 그럴 땐 민트 캔디 한 알을 입에 넣는다. 그 순간 강력한 상쾌함이 훅 다가온다. 내가 애용하는 민트 캔디는 손안에 쏙 들어가는 철제 케이스 안에 들어있다. 크기도 입안에 쏙 들어가는 작은 알약 같다. 그래서 입안에 있는 듯, 없는 듯하다. 게다가 최근에는 맛의 종류도 다양해져서 여러 가지 상쾌함을 취향대로 누릴 수 있어 행복하다. 이 책은 그런 민트 캔디와 같은 책이다.

현대인은 분주한 일상으로 인해 바쁘고 피곤한 것이 현실이다. 특히 매일 공해같이 밀려드는 유해 정보들로 인해 마음이 답답하고 영혼이 텁텁하다. 그럴 때 이 책이 필요하다. 민트 사탕 한 알처럼 마음 안에 쏙 넣을 수 있는 책이 바로 이 책이다. 독자들이 이 책에서 마주하게 될 맛과 향은 민트처럼 신비로울 것이다. 이 책의 장르는 시 같은 수필이고, 수필 같은 시이다. 이야기 같지만 묘한 리듬이 있다. 목사의 묵직한 성경묵상 같다가도, 길 가다 멈춰 듣는 옆집 아저씨의 구수한 일상 이야기 같은 책이다. 도무지 정체를 알 수 없는 글자들의 조합이 기묘하게 조화를 이루며 향기를 발하는 책이다. 그래서 이 책은 '향기묵상'이다.

향기묵상의 세계와 더불어 오른쪽 페이지는 오롯이 독자만의 세계가 펼쳐진다. 독자가 하루의 일상을 어떤 향기로 채워넣을 것인지 기도하면서 계획을 세워보는 공간이 마련되어 있다. 또한 일상 가운데 우선순위가 무엇인지도 정해볼 수 있다. 더불어 '향기묵상'을 삶에 적용하고 기록으로 남길 수 있으며, 하루의 삶을 감사와 기도의 향기로 채워 넣는 공간도 갖춰져 있다. 잘 준비된 호텔 같은 빈 공간이다. **이 책은 저자가 한 땀 한 땀 뽑아낸 '향기묵상'과 독자가 한 땀 한 땀 뽑아낼 '향기일상'이 콜라보를 이루며 세상에서 유일한 나만의 책으로 아름다운 향기를 품어낼 것이다.**

감사의 마음을 전하지 않을 수 없다. 사랑하는 아내 장미희, 자랑스러운 자녀 수아와 수찬, 언제나 든든한 하늘향기교회 가족들, 그리고 나의 기댈 언덕인 동역자들과 후원자들에게 진심으로 감사의 마음을 전한다. 더불어 척박하고 급변하는 기독교 출판의 현실 속에서도 저자와의 약속을 기억해 준 조현영 대표님에게 머리 숙여 감사드린다. 그리고 나의 향기의 근원 되시는 예수 그리스도께 사랑의 마음을 전한다.

이 책의 활용법

STEP 1

저자가 한 땀 한 땀 뽑아낸 '향기묵상'으로 하루를 시작하세요. 향기묵상은 지하철이나 버스, 학업이나 업무 시작 전 커피 한 잔과 함께 할 만큼 짧아서 부담 없이 매일 실천할 수 있어요.

토닥토닥

칭얼대는 아이를 달래주는
엄마의 따뜻한 소리, 토닥토닥.
고개 숙인 친구의 처진 어깨를 일으키는
힘 나는 소리, 토닥토닥.
인생 풍파에 닳아버린 뼈마디에 파스를 붙여주는
노부부의 정감 가득한 소리, 토닥토닥.

> 오직 성령이 말할 수 없는 탄식으로
> 우리를 위하여 친히 간구하시느니라
> _로마서 8:26

그 소리가 내 마음에도 들린다.
내 마음을 토닥토닥하시는 성령님.
그분은 오늘도 말없이 탄식하며
나를 토닥이신다, 토닥토닥.

향기묵상 다이어리

STEP 2

독자가 한 땀 한 땀 뽑아낼 '향기묵상'을 채워보세요. 날짜를 적고, 오늘의 일정과 우선순위를 정리하면 한정된 시간을 효과적으로 운영할 수 있어요. 학업과 업무 능력이 향상될 거예요.

STEP 3

'향기묵상'을 삶에 적용하고, 하루의 삶을 감사와 기도로 마무리하세요. 당신의 삶이 그리스도의 향기로 가득하길 바라요.

/   /   /

오늘의 일정

우선순위   삶의 적용

감사 & 기도의 향기

주일	월요일	화요일	수요일	

이달의 일정

목요일	금요일	토요일

기도_____

1. 토닥토닥
2. 예수를 벌컥벌컥
3. 시험 방지턱
3. 함께하시'길'
5. 영혼 경보음
6. 믿음의 눈
7. 천삼
8. 100% 기도 접수
9. 그 생각
10. 제5의 방향
11. 어디로 피하리이까?
12. 구름 신호등
13. 빈 의자 기법
14. 마상 치유
15. 메이드 인 갓
16. 꼬인 마음
17. 친근하게
18. 웰컴 레인
19. 심통 날 땐
20. 무한한 격차
21. 치료
22. 반려 성령님
23. 긴급 지원 요청
24. 정답은 주님
25. 고난이 누를 때
26. 죄악의 기름때
27. 닦둘기 성도
28. 수리 끝!
29. 마음 내시경
30. 마음 쓰레기
31. 새로움을 위한 버림

토닥토닥

칭얼대는 아이를 달래주는
엄마의 따뜻한 소리, 토닥토닥.
고개 숙인 친구의 처진 어깨를 일으키는
힘 나는 소리, 토닥토닥.
인생 풍파에 닳아버린 뼈마디에 파스를 붙여주는
노부부의 정감 가득한 소리, 토닥토닥.

> 오직 성령이 말할 수 없는 탄식으로
> 우리를 위하여 친히 간구하시느니라
>
> _로마서 8:26

그 소리가 내 마음에도 들린다.
내 마음을 토닥토닥하시는 성령님.
그분은 오늘도 말없이 탄식하며
나를 토닥이신다, 토닥토닥.

오늘의 일정

우선순위

삶의 적용

감사 & 기도의 향기

예수(水)를 벌컥벌컥

스킨답서스 잎들이 축 늘어져 있다.
최근 분주해서 물 주기를 잊은 탓이다.
황급히 물을 주었다.
잎들이 물을 벌컥벌컥 들이켠다.

내가 주는 물을 마시는 자는
영원히 목마르지 아니하리니

_요한복음 4:14

몸도 마음도 축 늘어질 때가 있다.
물이 필요하다는 신호다.
몸은 70%가 물이지만, 영혼은 100%가 물이다.

축 늘어질 때,
몸에는 생수(水)를,
영혼에는 예수(水)를
벌컥벌컥 들이켜 보자.

/   /   /

오늘의 일정

우선순위

삶의 적용

감사 & 기도의 향기

시험 방지턱

우리 동네에는 과속방지턱이 많다.
어린이보호구역이기 때문이다.
과속방지턱은 차량의 주행 속도를 낮춰
끔찍한 사고를 예방하는 안전장치다.

> 내 형제들아 너희가 여러 가지 시험을 당하거든
> 온전히 기쁘게 여기라_야고보서 1:2

시험은 영적인 방지턱이다.
시험 방지턱이 보일 때는 삶의 속도를 충분히 줄여보자.
'조급함'의 액셀에서 발을 떼고,
'기도'로 브레이크를 밟아보자.

시험 방지턱을 넘을 때는
'또 시험이야?'라며 한숨 쉬지 말자.
시험 너머엔 영적 유익이 기다리고 있으니
콧노래 찬송을 흥얼거리며,
느긋하고 부드럽게 시험 방지턱을 넘어보자.

오늘의 일정

우선순위

삶의 적용

감사 & 기도의 향기

함께하시'길'

누구나 가고 싶은 '길'
몸 건강하시길
웃음 가득하시길
마음 평안하시길
소망 이루어지시길
오늘도 그 길을 걸어가시길
간절히 기도한다.

예수께서 이르시되
내가 곧 길이요 진리요 생명이니
_요한복음 14:6

무엇보다 길 되시는
예수님과 함께하시길
더욱 간절히 기도한다.

오늘의 일정

우선순위   ## 삶의 적용

감사 & 기도의 향기

영혼 경보음

차가 후진할 때 울리는
우렁찬 경보음, '띠. 띠. 띠이~'
잘 듣고 잘 보면 충돌 염려 끝!
참 든든하다.

> 우리는 뒤로 물러가 멸망할 자가 아니요
> 오직 영혼을 구원함에 이르는 믿음을 가진 자니라
>
> _히브리서 10:39

믿음? 뒤로 물러갈 수 있다.
항상 전진만 할 수는 없으니까!
그럴 땐 '성령의 경보음'을 경청하자.
그럴 땐 '성경 카메라'에 집중하자.
잘 듣고 잘 보면 충돌 염려 끝!
'띠. 띠. 띠이~'
참 든든하다.

오늘의 일정

우선순위

삶의 적용

감사 & 기도의 향기

믿음의 눈

밤만 되면 시력이 6배로 증폭되는 호랑이의 눈
특수세포층이 어둠 속 빛의 입자들을 최대한 끌어모은다.

> 한밤중에 바울과 실라가 기도하고
> 하나님을 찬송하매_사도행전 16:25

별안간 탈탈 털린 두 남자, 남은 것이 없었다.
매 맞은 몸뚱이는 뼛속까지 욱신거렸고,
찢진 옷처럼 영혼도 갈가리 찢겼다.
채워진 차꼬처럼 미래도 자유도 묶였다.
깜깜한 인생의 밤, 달랠 길이 없었다.
그러나 두 남자의 눈만은 살아 있었다.
캄캄한 인생의 밤 한가운데서도
기도와 찬송의 빛 입자를 최대한 끌어모았다.
빛 되신 주님을 바라본 것이다.
호랑이보다 더 특별한 믿음의 눈이었다.
결국 그 믿음의 눈은 해피엔딩으로 끝난다.

탈탈 털렸는가? 믿음의 눈만 살아 있으면 된다.

오늘의 일정

우선순위

삶의 적용

감사 & 기도의 향기

천삼(天蔘)

새싹 삼을 선물을 받았다.
검색해 보니 잎과 줄기에
사포닌(saponin)이 농축되어 있단다.
면역력, 기억력, 혈액, 당뇨에 특효인 보약이란다.

> 나의 힘이신 여호와여
> 내가 주를 사랑하나이다_시편 18:1

주님은 새싹 삼과 같은 분이다.
아니 새싹 삼보다 백배 천배 좋은 하늘의 삼,
'천삼(天蔘)'이시다.
다윗은 인생 역경의 골짜기에서
그 천삼을 통째로 씹어 먹으며 버텨냈다.

지금 마음의 현관문 앞에 나가보라.
천삼선물세트가 배송되어 있을 것이다.
나도 다윗처럼 '천삼(天蔘)' 먹고 고백해 보자.
"나의 힘이신 여호와여!"라고.

오늘의 일정

우선순위

삶의 적용

감사 & 기도의 향기

100% 기도 접수

[배송이 시작되었습니다]
어젯밤 주문했는데, 벌써?
빠른 응답에 기분이 좋다.
주님도 문자를 보내주시면 어떨까?
무언가 기도했을 때,
[기도가 접수되었습니다]라는 문자를
보내주시면 참 좋을 것 같다.
그런데 주님은 말씀하신다.

> 무엇이든지 기도하고
> 구하는 것은 받은 줄로 믿으라
> _마가복음 11:24

안타깝지만, 주님의 문자 서비스는 없다.
하늘홈쇼핑에서 접수 실패란 없기 때문이다.
100% 기도 접수 완료다.
주님은 모든 기도를 듣고 계신다.
그러니 안심하고 무엇이든 기도하자.

오늘의 일정

우선순위

삶의 적용

감사 & 기도의 향기

그 생각

담장 아래 꽃이 피었다.
발걸음을 멈췄다.

> 들의 백합화가
> 어떻게 자라는가 생각하여 보라
> _마태복음 6:28

생각이 믿음이다.
주님이 나를 돌보고 계신다는
그 생각이 믿음이다.
그 생각으로 염려를 밀쳐내는 것,
그것이 믿음이다.

꽃을 보며
나도 본다.
내 안에는
그 생각이 있는지.
그 믿음이 있는지.

오늘의 일정

우선순위

삶의 적용

감사 & 기도의 향기

제5의 방향

파란 하늘에 구름이 뭉실뭉실.
세상살이로 뻑뻑해진 두 눈이
잠시 안식을 취한다.

> 스데반이 성령 충만하여 하늘을 우러러 주목하여
> 하나님의 영광과 및 예수께서 하나님 우편에 서신 것을 보고
> _사도행전 7:55

동서남북에서 돌이 날아오고 욕이 날아왔다.
몸이 찢어지고 마음이 찢어졌다.
그러나 스데반은 넉넉했다.
제5의 방향, 주님을 우러러 주목했기 때문이다.

살다 보면,
동서남북 사방이 꽉 막힐 때가 있다.
그땐 재빨리 제5의 방향,
하늘의 하나님을 바라보자.
그곳에서 주님이 응원하고 계신다.

오늘의 일정

우선순위

삶의 적용

감사 & 기도의 향기

어디로 피하리이까?

"목사님은 화장실에서도 기도하시나요?"
북 콘서트에서 받은 질문이다.
"네, 물론이죠."
1초의 망설임도 없이 대답했다.

> 내가 주의 영을 떠나 어디로 가며
> 주의 앞에서 어디로 피하리이까_시편 139:7

어디 화장실뿐이랴?
아무도 보는 사람 없다고 생각하는 그곳에도
하나님은 계신다.

나의 꿈의 세계에도,
나의 마음의 깊은 창고에도,
심지어 나의 죄의 현장에도 계신다.
그러니 숨길 필요 없다.
다 보여 드리자.
그리고 시원하게 도움을 요청하자.
"사랑의 주님, 은총의 빛을 비춰주세요!"

오늘의 일정

우선순위

삶의 적용

감사 & 기도의 향기

구름 신호등

운전을 멈출 수밖에 없었다.
눈앞에서 구름이 뭉실뭉실 피어올랐다.
구름은 주의 백성들에겐 신호등이었다.

노아에겐 약속의 신호등
광야 40년 이스라엘엔 보호의 신호등
제사장들에겐 주 임재의 신호등
갈멜산 엘리야에겐 응답의 신호등
예언자들에겐 묵시의 신호등
그리고 우리에겐 재림 소망의 신호등

> 볼지어다 그가 구름을 타고 오시리라
> 각 사람의 눈이 그를 보겠고 _요한계시록 1:7_

나에게 저 구름은 어떤 신호등일까?
약속, 보호, 임재, 응답, 묵시, 소망...
물끄러미 구름 신호등을 바라보며,
혹여나 그곳에서 들려올지도 모를
주님의 음성에 귀 기울여본다.

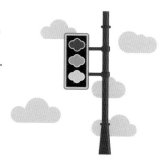

향기묵상 다이어리

오늘의 일정

우선순위

삶의 적용

감사 & 기도의 향기

빈 의자(Empty Chair) 기법

'빈 의자(Empty Chair) 기법'이 있다.
어떤 인물이 앉아 있다고 생각한 뒤,
하고 싶은 말을 하게 하는 심리상담기법이다.
서운했던 점에서부터 화가 났던 일까지,
내면의 복잡한 감정들을 직면하게 된다.

> 은밀한 중에 계신 네 아버지께 기도하라
>
> _마태복음 6:6

홀로 있을 때 두 눈을 감고,
빈 의자에 주님을 모셔본다.
하고 싶었던 말을 더듬더듬 토해본다.
최근에 마음 아팠던 일에서부터
화가 났던 일, 서운했던 일까지...
진솔하게 말해 본다.

눈을 떠 보니,
빈 의자에 주님 대신
허울을 벗은 진짜 나 자신이 앉아 있었다.

/   /   /

오늘의 일정

우선순위

삶의 적용

감사 & 기도의 향기

마상치유

[마상! 마상!]
문자가 왔다. 구조 신호였다.
다급히 전화해 보니, 믿었던 옆 사람에게
'마음의 상처(마상)'를 크게 입었단다.
생각해 보면, 자연은 마상을 주지 않는다.
하나님이나 천사는 더더욱 아니다.
마상을 주는 존재는 딱 하나뿐이다.
믿었던 옆 사람...

> 악을 행하는 너희는 다 나를 떠나라
> 여호와께서 내 울음 소리를 들으셨도다 _시편 6:8

다윗도 옆 사람에게 마상을 입고 탄식했다.
뼈와 영혼이 떨렸다. 밤마다 눈물 흘렸다.
어찌나 마음이 아팠는지, 다 나를 떠나라고 소리칠 정도였다.
그런데 반전이 있었다.
마상 입은 다윗 옆자리의 하나님!
그분은 소리 없이 함께 아파하고 계셨다.
주님께 당장 나의 마상을 보여 드리자.

향기묵상 다이어리

오늘의 일정

우선순위

삶의 적용

감사 & 기도의 향기

메이드 인 갓(made in God)

또 지저분해졌다.

하지만 문제없다. 독일산 행주가 있다.

made in Germany 행주를

좌~악 펴서, 쓰~윽 닦은 후, 좌~악 헹구면 끝!

어떤 오물이라도 상관없다.

좍-쓱-싹 하면 식탁이 원상태로 깨끗해진다.

> 너희의 죄가 주홍 같을지라도
>
> 눈과 같이 희어질 것이요_이사야 1:18

마음 식탁이 또 지저분해졌다.

욕심의 국물을 흘리고,

미움의 밥풀을 떨어뜨리고,

나태함의 먼지가 또 쌓였다.

하지만 문제없다. made in God!

하나님의 선물이신 예수님이

좍-쓱-싹 하시면 끝이다.

다시 용기 내어

지저분한 내 마음의 식탁을 내어 드린다.

오늘의 일정

우선순위

삶의 적용

감사 & 기도의 향기

꼬인 마음

빨리 나가야 하는데 바지 끈이 꼬였다.
손톱 끝으로 힘주어 풀려 했으나 소용없다.
마음이 바빠진다. 한참 실랑이하다 벗었다.
책상 조명 아래 내려놓고 천천히 살핀 후,
강력한 이로 꼬인 부분을 풀어냈다.
순간 성령님이 제안하신다.
'너의 꼬인 마음도 이렇게 풀면 어떨까?'

주는 마음의 비밀을 아시나이다_시편 44:21

오랜 세월 엉킨 실타래처럼 꼬여 있는
속마음이 우릴 불행하게 만든다.
이제 성령님의 밝은 조명 아래 내려놓고
그 마음을 천천히 풀어보자.
마음의 비밀을 아시는 주님이
강력한 능력으로 자유를 주실 것이다.

/   /   /

오늘의 일정

우선순위   삶의 적용

감사 & 기도의 향기

친근하게

"아빠, 수건 좀!" 아들이 부탁한다.
"아버지, 별일 없으시죠?" 안부를 묻는다.
"아저씨, 먼저 타세요." 양보를 한다.
하나님은 나에게 어떤 분인가?
아빠 같은 분? 아버지 같은 분?
아니면 아저씨 같은 분?
그도 아니면 아득하게 멀리 계신 분?

> 양자의 영을 받았으므로
> 우리가 아빠 아버지라고 부르짖느니라_로마서 8:15

우린 '양자의 영(the Spirit of sonship)'을 받았다.
하나님의 아들딸이 된 것이다. 남남이 아니다.
그러니 차 한 잔 앞에 두고,
마음을 나눠보자. "저는 요즘 이래요~"
안부도 물어보자. "하나님은 어떠세요?"
하늘 아빠 아버지는 오늘도 그곳에서
하염없이 기다리고 계신다.

오늘의 일정

우선순위

삶의 적용

감사 & 기도의 향기

웰컴 레인(welcome rain)

단비가 내렸다.
단비가 농부에게 미소를 안겨 주었다.
순우리말 '단비'
어감도 부드럽고 좋다.
그런데 영어는 더 재밌다.
'웰컴 레인(welcome rain)'
반가운 비라는 뜻?

> 내 교훈은 …… 채소 위의 단비 같도다_신명기 32:2

영혼의 숲이 시들 때가 있다.
영혼의 들판이 쩍쩍 갈라질 때가 있다.
그땐 주님의 웰컴 레인을 요청하자.
찬송가 183장의 가사처럼 말이다.
"성령의 단비를 부어 새 생명 주옵소서~"
채소 위의 단비 같은 주님의 말씀을
응급으로 요청하자.
우리는 그래도 된다.

/   /   /

오늘의 일정

우선순위   ## 삶의 적용

감사 & 기도의 향기

심통(心痛) 날 땐

머리 통증은 두통.
치아 통증은 치통.
마음 통증은 심통?

> 여호와는 마음이 상한 자를
> 가까이 하시고_시편 34:18

마음이 지끈지끈 개운하지 않다.
시리고 쑤시며 열도 난다.
마음의 통증, 심통(心痛)이 도진 것이다.

그땐 미련하게 끙끙 앓지 말자.
상한 마음 전문가, 주님께 요청하자.
마음 그대로 다 보여드리자.
모든 것 아시는 주님이 치유해 주신다.
'심통 날 땐~ 맞다! 예수님!'

오늘의 일정

우선순위

삶의 적용

감사 & 기도의 향기

무한한 격차

비행기가 이륙하자 점점 창밖 세상이 작아져 갔다.
하늘과 땅 차이라는 말이 실감 났다.
하늘도 이리 높은데,
하늘을 만드신 분은 얼마나 높으실까?

> 네가 하늘의 궤도를 아느냐
> 하늘로 하여금 그 법칙을 땅에 베풀게 하겠느냐 욥기 38:33

욥에게 하신 반문이다.
창조주 하나님과 피조물 인간 사이에는
무한한 격차가 존재한다.
그것을 인정하는 것이 믿음이다.

우리는 창조주께 이래라저래라할 위치가 아니다.
그저 겸손하게 그분의 은총을 간구할 뿐이다.
기억하자! 예수님도 기도하실 때
"천지의 주재이신 아버지여"(누가복음 10:21)라고 부르셨다.

오늘의 일정

우선순위

삶의 적용

감사 & 기도의 향기

치료

아침에 일어나 창밖을 보니
안개가 자욱하다.
차갑고 스산하다.
그리고 알 수 없다.

> 주여 …… 원하건대
> 나를 치료하시며 나를 살려 주옵소서_이사야 38:16

살다 보면 안개 같은 감정들이 솟아오른다.
원인을 알 수 없는 차갑고 스산한 감정들...
완치됐다고 생각했던 마음의 상처들이
아직도 아물지 않은 탓일까?

온종일 주님께 마음을 맡겨 드린다.
의사이신 주님은 다 아시니까.
다시 창밖을 보니 햇살에 눈이 부시다.
마음 아픈 자들에게
치료의 광선이 비치길 기도해 본다.

오늘의 일정

_____

_____

_____

_____

_____

_____

_____

_____

_____

_____

우선순위

_____

_____

_____

_____

_____

_____

삶의 적용

_____

_____

_____

_____

_____

_____

감사 & 기도의 향기

_____

_____

_____

_____

반려 성령님

요즘 '반려'가 대세다.

짝 반(伴), 짝 려(侶)

말 그대로 '짝이 되는 친구'다.

반려견 댕댕이, 반려묘 냥이 집사,

그리고 초록 친구 반려 식물까지…

배신하고 상처 주는 복잡한 인간보다는

말없이 곁을 내어주는 것이 인기 비결이다.

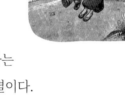

> 성령도 우리의 연약함을 도우시나니 ……
>
> 우리를 위하여 친히 간구하시느니라_로마서 8:26

반려로 말할 것 같으면,

우리 안에 계신 성령님이 단연 최고다.

그분은 배신하지 않는다. 상처 주지 않는다.

복잡하지 않고 투명하시다.

말없이 곁에서 나의 연약함을 도우신다.

그리고 공감으로 기도하신다.

'반려 성령님'이 단연 최고다.

/   /   /

오늘의 일정

우선순위

삶의 적용

감사 & 기도의 향기

긴급 지원 요청

엎친 데 덮치는 변수가 생겼다.
수도관에서는 물이 새고,
유리그릇이 깨지며,
덩달아 청소기까지 말썽을 부린다.
가뜩이나 바쁜 이 아침에...

폭발 직전 화산처럼
마음이 씰룩씰룩한다.
불평, 분노를 뿜어낼 준비를 하는 것이다.

> 다윗이 크게 다급하였으나
> 그의 하나님 여호와를 힘입고 용기를 얻었더라
> _사무엘상 30:6

일상생활의 변수로 마음이 다급해질 때,
재빨리 하나님께 긴급 지원을 요청하자.
힘과 용기를 지원해 주실 것이다.

/   /   /

오늘의 일정

우선순위

삶의 적용

감사 & 기도의 향기

정답은 주님

산 넘어 산이라고 했던가?
이미 많이 넘어온 듯한데,
또다시 인생의 산 앞에 서 있다.

> 내가 산을 향하여 눈을 들리라
> 나의 도움이 어디서 올까 _시편 121:1_

시인은 망설임 없이 답안지를 적었다.
[천지를 지으신 여호와]
시인은 여태껏 하나님의 도움으로
산을 넘고 또 넘어왔던 게 분명하다.

우리도 마찬가지다.
주의 도움으로 지금 여기까지 왔다.
그러니 새로운 산에 압도당하지 말자.
산보다 크신 하나님께 시선을 고정하자.
그리고 시인처럼 답안지를 적어보자.
[나의 도움은 천지를 지으신 여호와에게서로다]

오늘의 일정

_____
_____
_____
_____
_____
_____
_____
_____
_____
_____

우선순위

_____
_____
_____
_____
_____
_____
_____

삶의 적용

_____
_____
_____
_____
_____
_____
_____

감사 & 기도의 향기

_____
_____
_____
_____

고난이 누를 때

승합차 리모컨 2개, 쌍둥이다.

모양도, 색깔도, 연식도 똑같다.

그런데 문제가 있다.

기능이 하나만 살아있고, 하나는 먹통(fool)이다.

어떻게 살아있는 리모컨을 알 수 있을까?

간단하다. 눌러보면 된다.

> 너희 중에 고난 당하는 자가 있느냐
>
> 그는 기도할 것이요_야고보서 5:13

때때로 고난이 나를 눌러본다.

내 안에 성령의 능력이 있는지 눌러본다.

내가 먹통인지 살아있는지 눌러본다.

고난이 누를 때 기도가 나오고,

고난이 누를 때 찬송이 나오면,

살아있는 진짜 그리스도인이다.

고난의 때에 진짜와 먹통이 판가름 난다.

오늘의 일정

우선순위

삶의 적용

감사 & 기도의 향기

죄악의 기름때

프라이팬에 기름때가 가득하다.
난감하다. '어떻게 하지?'
눈앞에 주방세제가 보였다.
일명 퐁퐁! 짜서 문질러 보았다.
대박! 기름때가 녹아내렸다. 신기하다.
퐁퐁은 도대체 어떤 성분이기에,
저 미끈한 기름때를 단번에 녹여낼까?

> 네 찌꺼기를 잿물로 씻듯이
> 녹여 청결하게 하며_이사야 1:25

나의 영혼에 기름때가 가득하다.
난감하다. '어떻게 하지?'
오늘도 염치없이 나의 영혼을
하나님의 잿물에 푹 담가본다.
씻으시고, 녹이시며, 청결하게 하시는
그분의 강력한 세척력이
죄악의 기름때를 퐁퐁 녹인다.

/   /   /

오늘의 일정

_____

_____

_____

_____

_____

_____

_____

_____

_____

_____

_____

우선순위   ## 삶의 적용

_____

_____

_____

_____

_____

_____

감사 & 기도의 향기

_____

_____

_____

_____

닭둘기 성도

교회 앞 닭둘기는 날지 못한다. 가끔 푸드덕거릴 뿐...
사람을 피하지 않는다. 오히려 걸인의 몸짓으로 다가온다.
머리를 끄덕이며 먹이를 재촉한다.
비둘기의 야성(野性)이라곤 1도 없다.
매우 인간 친화적인데 왠지 불쌍하다.

> 너희는 이 세대를 본받지 말고_로마서 12:2

바울이 본받지(copy) 말라고 부탁한 '이 세대'.
1세기 로마제국의 패턴, 행위, 풍습이다.
하늘에 속해 있는 우리는 제국의 방식이 아니라
하나님 나라의 방식으로 살아야 한다.
요즘 제국이 던져주는 나태함과 영적 침체에
점점 길들고 있는가?
다시 영적인 날개를 펴서 날갯짓해 보자.
기도의 날개, 말씀의 근육이 굳어지지 않도록.
닭둘기 성도가 되지 않도록!

오늘의 일정

우선순위

삶의 적용

감사 & 기도의 향기

수리 끝!

건반이 이유 모를 거친 잡음을 냈다.
동네 건반 수리점은 하나같이 손사래 쳤다.
물어물어 본사를 찾아갔다.
허름한 작업복 아저씨가 나왔다.
몇 가지 눌러보더니,
나사를 풀고 부품 하나를 교체한 뒤 수리 끝!
그 아저씨가 바로 그 건반을 설계하고
제작한 분이셨다. 대~박!

> 주여 …… 나를 치료하시며
> 나를 살려 주옵소서_이사야 38:16

창조자의 손길에 치료 불가능은 없다.
요즘 짜증, 한숨, 불평 등
이유 모를 거친 잡음이 나는가?
그럴 땐 여기저기 헛고생 말고
창조주 하나님을 찾아가자.
그럼, 수리 끝!이다.

향기묵상 다이어리

오늘의 일정

우선순위

삶의 적용

감사 & 기도의 향기

마음 내시경

속이 쓰렸다. 꽉 쥐어짜는 통증까지...
큰맘 먹고 위내시경을 받았다.
의사는 사진을 보며 석 달 치 약을 처방했다.
정확히 진단하고 알맞게 처방받으니
속이 한결 편해졌다.
속을 보는 렌즈,
내시경(內視鏡)이 참 고마웠다.

> 하나님이여 ……
> 내 안에 정직한 영을 새롭게 하소서_시편 51:10

주님은 마음 내시경을 갖고 계신다.
내가 볼 수 없는 마음마저 볼 수 있다.
마음이 쓰릴 때,
꽉 쥐어짜는 통증으로 마음이 아플 때,
빨리 의사이신 주님을 찾아가자.
정확한 진단, 알맞은 처방...
마음이 한결 편해질 거다.

오늘의 일정

우선순위

삶의 적용

감사 & 기도의 향기

마음 쓰레기

마음 쓰레기가 생긴다.
어디에 버려야 하나?

> 만일 우리가 우리 죄를 자백하면 ……
> 깨끗하게 하실 것이요 _요한일서 1:9_

자백(自白)하면 된다.
인정하고 진술하면 된다.
그러면 예수님이 받아 주신다.
주님이 내 마음의 쓰레기를
품어 안아 주신다.

부끄럽지만,
죄송하지만,
마음 쓰레기를 예수통에
슬그머니 밀어 넣어 본다.

오늘의 일정

우선순위

삶의 적용

감사 & 기도의 향기

새로움을 위한 버림

4년 전 D. I. Y.(직접)로 만들었던
대형 식탁 테이블을 D. I. Y.로 부쉈다.
최근 기증받은 수납장을 놓기 위해서
어쩔 수 없는 조치였다.
손수 만든 작품을 부시려 하니 섭섭했다.
하지만 '새로움을 위한 버림'은 필수다.

> 너희가 범한 모든 죄악을 버리고
> 마음과 영을 새롭게 할지어다_에스겔 18:31

마음과 영이 새로워지려면
'버림'이 필수다.
버리지 않고는, 부수지 않고는
결코 새로워질 수 없다.
악한 습관은 오랫동안
D. I. Y.로 만들어지고 고착되어서
버리고 부수기가 여간 어렵다.
그래도 해보자. 새로움을 위해서!

오늘의 일정

우선순위

삶의 적용

감사 & 기도의 향기

주일	월요일	화요일	수요일	

이달의 일정

	목요일	금요일	토요일

감사 _____

1. 형통 맛, 곤고 맛
2. 입술 뚜껑
3. 단짝
4. 하찮아도 괜찮아
5. 예수구두
6. 자연스럽길
7. 어이~ 친구!
8. 훨씬 더 좋은 분
9. 담장 너머로
10. 말은 긁어주는 것
11. 귀인
12. 나에게 정성을
13. 상실
14. 마음과 시간
15. 아름다운 조연
16. 은총의 샤워
17. 마음 쓰레기
18. 입술 제어
19. 거만 무시
20. 주의 성실하심
21. 꽃을 피워내자
22. 마음 뚜껑
23. 잘 익은 믿음
24. 있는 것에 집중
25. 각기 종류대로
26. 그림자
27. 관점의 습관
28. 다시 시작!
29. 하늘 입가심
30. 제자면허증
31. 익어간다

형통 맛, 곤고 맛

한 집사님이 주신 와사비 맛 아몬드,
며칠째 그 신비로운 맛이 즐겁다.
고소한 아몬드와 코끝 찡한 와사비,
희한한 조합의 맛이 재밌고 즐겁다.

> 형통한 날에는 기뻐하고 곤고한 날에는 되돌아 보아라
> 이 두 가지를 하나님이 병행하게 하사_전도서 7:14

아몬드처럼 고소한 날도 있다.
와사비처럼 코끝 찡한 날도 있다.
인생, 형통과 곤고의 신비로운 병행!
하나님이 왜 그렇게 하시는지 알 수 없다.
그러니 인생의 신비로운 맛을 즐기자.
그냥 와사비 맛 아몬드 같은 인생을 즐기자.
인생의 맛을 분석하며 원망하기에는
인생이 너무 짧다.
지금도 시간은 흘러가고 있다.

오늘의 일정

_____

_____

_____

_____

_____

_____

_____

_____

_____

_____

우선순위

삶의 적용

_____

_____

_____

_____

_____

_____

감사 & 기도의 향기

_____

_____

_____

_____

입술 뚜껑

작은 연고의 뚜껑이 열렸다.
가방 주머니 속이 난장판이다.
이어폰은 냄새 진동, 차 열쇠는 미끌미끌.
USB 틈새는 막히고, 안경 닦이는 얼룩.
뚜껑 하나 제어 못해 애를 먹은 것이다.

> 그 입술을 제어하는 자는 지혜가 있느니라
>
> _잠언 10:19

생각 없이 입술 뚜껑이 열리면
주변이 뒤죽박죽 엉겨 붙는다.
분노, 불평, 짜증, 험담이 새 나가면
주변은 엉망이 되고 뒷수습에 허송세월.
그러니 입술 뚜껑은
서로의 마음 상처를 감싸줄 때만
열어두자.
치유, 위로, 격려, 응원, 축복의 말이
나갈 때만 조심스레 열어보자.

pary/ / /

오늘의 일정

우선순위   ## 삶의 적용

감사 & 기도의 향기

단짝

미역국에 열무김치,
자장면에 단무지,
곰탕에 깍두기,
이런 조합을 '단짝'이라 한다.
서로의 맛을 더해주는 좋은 친구, 단짝!

너희는 …… 나의 친구라 _요한복음 15:14_

예수님은 언제 어디서나
우리의 단짝이 되어 주신다.
우리 삶에 맛을 더해 주신다.
우리는 그저 그분과
어우러지기만 하면 된다. 참 쉽다.

오늘도 예수님의 곰탕 숟가락 위에
깍두기처럼 살포시 얹혀 보자.
그분의 단짝이 되어보자.

오늘의 일정

우선순위   ## 삶의 적용

감사 & 기도의 향기

하찮아도 괜찮아

「하찮아도 괜찮아」(2018)
웹드라마 제목에 눈길이 멈췄다.
작은 교회 목사, 인기 없는 무명 작가,
배 나오고 시꺼먼 중년 아저씨.
나는 하찮아 보이는 나 자신이
하나도 괜찮지 않다.

> 잘하였도다 ……
> 네가 적은 일에 충성하였으매
> _마태복음 25:23

그런데 주님은 나와 생각이 다른 듯하다.
그분은 적은 일, 하찮은 일을 중요하게 여기신다.
'하찮아도 괜찮아. 내가 충성스레 여기니...'
웹드라마의 제목은 주님의 응원이었다.
갑자기 힘이 솟는다.
오늘도 하찮은 일들에 최선을 다해 보자!
한명 한명을 귀히 여기고,
손길 하나하나에 혼을 담아보자.

오늘의 일정

우선순위

삶의 적용

감사 & 기도의 향기

예수구두

구두를 신으면 걸음걸이가 달라진다.
슬리퍼 8자 걸음도 11자로 변하고,
운동화 종종걸음도 또각또각 점잖아진다.
마음가짐도 덩달아 달라진다.
다른 신발들로는 흉내 낼 수 없는
구두만의 무게감이 마음에 장착된다.

> 평안의 복음이 준비한 것으로 신을 신고
>
> _에베소서 6:15

그리스도인이 신고 다닐 구두가 있다.
평안의 구두, 복음의 구두다.
예수님을 나의 왕, 나의 주인으로
장착하는 '예수구두'다.

오늘도 예수구두를 신고
예수걸음, 예수마음으로
하루의 첫걸음을 내디뎌본다.

오늘의 일정

우선순위

삶의 적용

감사 & 기도의 향기

자연스럽길

꽃.

흙.

돌.

풀.

물.

빛.

한 글자 자연은 자연스럽다.

반면 세 글자 인간인 나는 자연스럽지 않다.

복잡하다. 어지럽다.

> 은혜를 받은 자여 평안할지어다
>
> 주께서 너와 함께 하시도다_누가복음 1:28

그래서 오늘도 또다시

주님의 은혜를 간구해 본다.

주님의 평안을 갈망해 본다.

복잡하고 어지러운 내 삶의 글자들이

한 글자 자연처럼 평화롭기를...

/   /   /

오늘의 일정

우선순위

삶의 적용

감사 & 기도의 향기

어이~ 친구!

"저 장미꽃 위에 이슬
아직 맺혀 있는 그때에
귀에 은은히 소리 들리니
주 음성 분명하다" _찬송가 442장

이슬 맺힌 장미를 물끄러미 보고 있는데
누가 등 뒤로 다가와 속삭인다.
'어이~ 친구! 그거 내가 만들었네.
괜찮지? 잘 만들었지? 하하하!'
주님이셨다.

들풀도 하나님이 이렇게 입히시거든
하물며 너희일까보냐 _누가복음 12:28

오늘도 자연은총을 누리고,
주님의 특별은총을 느끼며,
하루를 살아내 본다.

오늘의 일정

우선순위

삶의 적용

감사 & 기도의 향기

훨씬 더 좋은 분

지금 내 생명을 거두시옵소서_열왕기상 19:4

엘리야가 로뎀 나무 아래 앉아
죽고 싶다 탄식하다 지쳐 잠들었다.
그때 하나님은 은총의 도시락을 배달하셨다.
천사도 보내어 지친 엘리야를 어루만져 주었다.

일어나서 먹으라_열왕기상 19:5

몸과 마음이 지친다.
그럴 땐 잠시 주님의 그늘 아래로 피하자.
그리고 은총의 도시락을 즐기며 다시 힘을 내 보자.

엘리야처럼 좀 투덜거려도 괜찮다.
주님은 혼내지 않으신다.
반대로 힘을 주신다.
주님은 우리가 생각하는 것보다
훨씬 더 좋은 분이시다.

오늘의 일정

우선순위

삶의 적용

감사 & 기도의 향기

담장 너머로

"너는 담장 너머로 뻗은 나무~"
주일에 성도들과 함께 부른 찬양이다.
가지가지 인생 위기의 담장을
믿음으로 뛰어넘어 보자고 서로 응원했다.

> 요셉은 무성한 가지 곧 샘 곁의 무성한 가지라
> 그 가지가 담을 넘었도다_창세기 49:22

인생 위기의 담장을 훌쩍 뛰어넘는
무성한 가지(fruitful bough)가 되고 싶은가?
지금! 찬양의 잎사귀를 더 활짝 펴서
하늘빛으로 광합성(光合成)을 시작해 보자.
지금! 기도의 뿌리를 더 깊이 내려
하늘 양분과 생명수에 흡수해 보자.
인생 위기의 담장을
성큼 타고 넘을 수 있도록!

오늘의 일정

우선순위

삶의 적용

감사 & 기도의 향기

말은 긁어주는 것

손이 닿지 않는 등짝, 효자손이 출동한다.
간지러운 곳을 긁어주니 시원하다.
팔뚝의 작은 뾰루지, 긁었더니 더 큰 부스럼이 됐다.
긁어 부스럼 됐다. 아프다...

> 온순한 혀는 곧 생명 나무이지만
> 패역한 혀는 마음을 상하게 하느니라. 잠언 15:4

말은 긁어주는 것이다.
공감과 이해는 마음을 시원케 한다.
마음의 간지러운 곳을 긁어주는 것이다.
반대로 영혼 없는 충고나 지적은
마음을 긁어 부스럼 되게 한다.

간지러운 마음은 시원하게 긁어주고
긁지 말아야 상처는 살포시 덮어주는
혀의 사랑과 지혜를 달라고
오늘도 또다시 기도해 본다.

오늘의 일정

우선순위

삶의 적용

감사 & 기도의 향기

귀인(貴人)

콘크리트 사이 잡초를 한참 동안 쳐다보았다.
하루하루 황폐한 환경을 살아냈을 잡초,
매일매일 절대 고독을 이겨냈을 잡초,
잠시 이 위대한 들풀을 축복했다.
'넌 잡초가 아니다.
하나님이 기르시는 귀한 풀, 귀초(貴草)다. 참 귀하다.'

> 들풀도 하나님이 이렇게 입히시거든
> 하물며 너희일까보냐 믿음이 작은 자들아_마태복음 6:30

환경 때문에 낙심되는가?
고독 때문에 마음 시린가?
그래서 나 자신을 잡초 취급하는가?
아니 될 말이다.
나는 결코 잡인이 아니다.
나는 하나님이 가꾸시고
돌보시는 귀한 존재,
'귀인(貴人)'이다.
그러니 나 자신을 축복하자.

오늘의 일정

우선순위

삶의 적용

감사 & 기도의 향기

나에게 정성을

크리스털 컵에 얼음 땡그랑.
하얀 접시 위에 살포시...
그냥 대충 먹어도 되지만,
나 자신에게 정성을 다해 본다.
맛도 좋아지고 기분까지 새로워진다.

> 네 이웃을 네 자신과 같이 사랑하라
> _마가복음 12:31

세상에서 가장 가까운 이웃인
내 자아도 사랑하자.
더 이상 푸대접하지 말고
주님이 나를 사랑하시듯
나도 나 자신을 사랑해 보자.
그래야 남도 사랑할 수 있으니...
건강한 자아에서
건강한 사랑도 나온다.

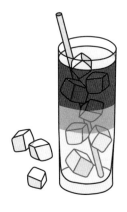

오늘의 일정

우선순위

삶의 적용

감사 & 기도의 향기

상실(喪失)

상실(喪失),

초대하지 않은 손님이 찾아온다.

사랑하는 사람이 먼저 죽는다. 그립다.

몸의 기능이 점점 퇴화된다. 아프다.

통장 잔액이 줄어든다. 불안하다.

인간관계도 그냥 놔두니 점점 멀어진다.

상실은 의인에게도 찾아온다.

주님 잘 믿으면 상실 없는 형통만 온다고?

거짓말이다. 욥을 보라!

주님과 좋은 관계일 때도 상실은 온다.

귀로 듣기만 하였사오나

이제는 눈으로 주를 뵈옵나이다_욥기 42:5

그런데 상실이 주는 유익도 있다.

주님을 더욱 깊고 세밀하게 만날 수 있는

영혼의 지성소로 우리를 인도한다.

그러니 불청객일지라도 상실을 묵묵히 따라가 보자.

혹여 나도 욥처럼 눈으로 주님을 볼 수 있을지도 모르니...

오늘의 일정

_____

_____

_____

_____

_____

_____

_____

_____

_____

_____

_____

우선순위

_____ _____

_____ _____

_____ _____

_____ _____

_____ _____

_____ _____

삶의 적용

감사 & 기도의 향기

_____

_____

_____

_____

마음과 시간

월세 날과 월급날,

매월 돌아오는 날이다.

그런데 똑같은 720시간인데도

월세 날은 빨리, 월급날은 천천히 돌아온다. 왜일까?

기대와 거부라는 심리적 차이 때문이다.

빨리 오길 기다리는 마음과 오지 않길 거부하는 마음이

시간을 다르게 만든다. 휴가와 복귀 일이 다르듯...

지혜로 행하여 세월을 아끼라_골로새서 4:5

카이로스(기회)를 잡으라는 뜻이다.

마음을 새롭게 하면, 거부감 가득한 시간도 기회가 될 수 있다.

오늘이 내 생애 가장 젊은 날이다.

1시간 단위로 끊어 살아보자.

1시간만 사랑해 보고, 1시간만 행복해 보자.

1시간만 섬기며 참아보자.

매 순간을 기회(카이로스)로 만들자.

월세 날이 월급날처럼 느껴지는

기적이 일어나길 기도하자.

오늘의 일정

우선순위

삶의 적용

감사 & 기도의 향기

아름다운 조연

돈가스집에 앉았다.
노란 단무지와 가쓰오 국물이 먼저 나왔다.
국물을 들이켜니 캬~
단무지도 오도독오도독~
입에서 효과음이 저절로 나왔다.
주인공 돈가스가 나오기도 전에
단역배우인 국물과 단무지가 식객인 나를 감동하게 했다.
맛을 더해주는 아름다운 조연들이었다.

> 그 외에 나의 동역자들을 도우라
> 그 이름들이 생명책에 있느니라_빌립보서 4:3

주위를 둘러보면 나를 돕고 있는
아름다운 조연들이 수없이 많다.
그분들 덕분에 오늘도 우리는 살맛 난다.
그리고 등 뒤에서 말없이 돕고 계시는
우리 주, 우리 하나님도 계신다.
아름다운 조연들과 주님을 향해 감사의 효과음을 내보자.
"살맛 납니다! 덕분입니다!"

/   /   /

오늘의 일정

우선순위

삶의 적용

감사 & 기도의 향기

은총의 샤워

몸이 뜨거워졌다.
냉수 샤워로 식혀본다.
머리부터 흘러내리는 냉수가
발끝에서는 미온수로 변했다.
열기가 식으니 살 것 같다.

> 좋은 기별은 목마른 사람에게
> 냉수와 같으니라.잠언 25:25

열이 오르게 하는 인생 문제가 있는가?
생각의 컴퓨터가 계속 가열되는가?
마음의 엔진이 뜨거워져 있는가?

그렇다면 잠시
은총의 샤워기 앞에 서자.
하늘에서 쏟아지는
좋은 기별(말씀)의 냉수로
은총의 샤워를 해보자.
시원하게~

/   /   /

오늘의 일정

우선순위

삶의 적용

감사 & 기도의 향기

마음 쓰레기

뒷베란다는 쓰레기분리장이다.
일쓰, 음쓰, 플라스틱, 종이를 분리한다.
분리배출을 며칠 미루다 보면,
쓰레기 스멜(smell)이 스멀스멀, 악취 작렬!

> 모든 지킬 만한 것 중에 더욱 네 마음을 지키라
> 생명의 근원이 이에서 남이니라_잠언 4:23

저장 강박이라는 증상이 있다.
쓰레기를 차곡차곡 저장해두는 장애다.
혹시 마음 쓰레기를 내면 깊은 곳에
저장해두고 있진 않은가?
과거의 좋지 않은 기억들.
미래에 대한 염려들.
그로 인한 마음의 악취들.
좋지 않다.
마음과 몸을 해친다.
그러니 당장 마음 쓰레기를 분리하자.
하늘을 향해 창문을 열고 던져 버리자.

향기묵상 다이어리

오늘의 일정

우선순위

삶의 적용

감사 & 기도의 향기

입술 제어

인체실험을 했다.
입술만 움직여 말해보기, 불가능이었다.
반대로 혀만 움직여 말해보기, 그것도 불가능이었다.
실험 결과 말(言)은 입술과 혀가 함께 만드는 합작품이었다.
따라서 입술이나 혀, 둘 중 하나만 잘 움직이면
말실수를 줄일 수 있다.

　　입술을 제어하는 자는 지혜가 있느니라_잠언 10:19

입술에 힘을 꽉 주어 열지 마라.
이로 혀를 물고 있으라.
둘 중 하나만 움직이지 않으면,
말실수를 줄일 수 있다.

과거 말실수의 장면들이 떠오른다.
후회스럽다.
오늘 소중한 실험 결과를 얻었으니,
지금부터라도 다시 잘해보자.

오늘의 일정

우선순위

삶의 적용

감사 & 기도의 향기

거만 무시

스티븐 코비 박사는 나도 이기고 너도 이기는
승승(勝勝, win-win)의 인간관계를 추천한다.
반대로 둘 다 망하는 패패(敗敗)는
멀리하라고 충고한다.

> 거만한 자를 책망하지 말라
> 그가 너를 미워할까 두려우니라_잠언 9:8

잠언은 거만한 자와 사귀면 패패한다고 강조한다.
거만한 자는 잘난 체하며 남을 업신여긴다.
나는 거만한 자와는 무(無)거래,
즉 거래하지 않는다.
주님도 진주를 돼지 앞에 던지지 말라고 하셨다(마태복음 7:6).

가뜩이나 힘든 인생길…
거만한 자 때문에 괜스레 속앓이 말자.
돼지같이 거만한 자는 무시하고,
나를 사랑하는 사람들과 주님만 바라보면서
행복하게 지내자, 우리 모두!

/   /   /

오늘의 일정

_____
_____
_____
_____
_____
_____
_____
_____
_____
_____

우선순위   ## 삶의 적용

_____   _____
_____   _____
_____   _____
_____   _____
_____   _____
_____   _____

감사 & 기도의 향기

_____
_____
_____
_____

주의 성실하심

제습기 물통에 물이 한가득!
모두가 잠든 밤, 제습기는 밤새 홀로 자기 일을 했다.
습기 가득한 공기를 온 힘으로 빨아들였다.
수분은 자신이 품고, 보송한 공기만 살포시 내뿜었다.
성실한 제습기 덕에 눅눅한 빨래가 잘 말랐다.

> 이것들이 아침마다 새로우니
> 주의 성실하심이 크시도소이다_예레미야애가 3:23

하나님도 성실하시다.
하늘 너머 대우주에서도,
하늘 아래 자연 만물에서도,
그분은 성실하게 일하신다.
그 덕분에 오늘을 살아갈 수 있다.

제습기가 웃으며 말한다.
"나 하나님 닮았나 봐."
웃으며 나도 속삭여 본다.
"나도 닮고 싶어~"

오늘의 일정

우선순위

삶의 적용

감사 & 기도의 향기

꽃을 피워내자

자존감이 가장 높은 생명체는 꽃이다.
꽃은 고급스러운 화분에 담겨 있든,
바위틈에 피어 있든 상관하지 않는다.
꽃은 잘 정돈된 화원에 피어 있든,
보도블록 사이로 비집고 나와 있든
상관없이 다 예쁘다.
옆에 누가 있든,
뭘 하든 최선을 다해
자기의 것을 피워내는 것이 꽃이다.

> 나의 사랑하는 자야
> 너는 어여쁘고 화창하다_아가 1:16

하나님이 나를 사랑하시니
나도 나를 사랑하자.
내 안에 있는 나의 꽃을 피워내자.
어떤 상황에 있든지...

향기묵상 다이어리

오늘의 일정

우선순위

삶의 적용

감사 & 기도의 향기

마음 뚜껑

교회 창고 손 닿지 않는 깊은 곳,
정체불명의 작은 통 하나...
느낌이 안 좋다. 열어보니 우~웩!
곰팡이 가득, 퀴퀴한 냄새... 얼른 뚜껑을 다시 덮었다.
어떻게 할까? KF94 마스크에 고무장갑을 꼈다.
물로 씻고 소독액도 뿌린 후
따스한 햇살 창가에 놓아두었다.
속이 다 후련했다. 잘한 일이다.

> 왜 주저하느냐 일어나 주의 이름을 불러 세례를 받고
> 너의 죄를 씻으라_사도행전 22:16

마음 창고 손 닿지 않는 깊은 곳,
해묵은 것들이 날 괴롭힌다.
언제까지 뚜껑을 덮은 채 주저만 할까?
나에게는 주께서 허락하신 마음 후련의 권리가 있다.
영혼 상쾌의 권한도 있다.
그러니 용기 내어 마음 뚜껑을 열어보자.
주님의 햇살에 놓아두어 보자.

오늘의 일정

우선순위

삶의 적용

감사 & 기도의 향기

잘 익은 믿음

고구마를 젓가락으로 꾸~욱 찔러본다.
중간쯤 뻑뻑하다. 아직 덜 익은 것이다.
다시 오븐에 넣고 뜨거운 열을 가한다.
잠시 후, 다시 꺼내어 찔러본다.
이젠 잘 들어간다. 제대로 익은 것이다.

> 그를 번제로 드리라_창세기 22:2
>
> 이제야 네가 하나님을 경외하는 줄을 아노라_창세기 22:12

하나님이 아브라함을 찔러 보셨다.
아브라함의 믿음이 잘 익었는지 찔러보신 것이다.
다행히 아브라함은 잘 익어 있었다.
고난의 젓가락이 나를 꾸~욱하고 찌르는가?
그땐 불평과 불만으로 튕겨내지 말고,
기도와 감사로 환영해 보자.
고난을 잘 맞이하는 것도 믿음이다.
그러면 하나님이
'믿음이 잘 익었네~'라고
하실 것이다.

향기묵상 다이어리

오늘의 일정

_____
_____
_____
_____
_____
_____
_____
_____
_____
_____
_____

우선순위

우선순위	삶의 적용

감사 & 기도의 향기

_____
_____
_____
_____

있는 것에 집중

있다가 없어질 때 느끼는 상실감.
나만 없는 것 같은 열등감.
앞으로 없어질 것 같은 불안감.
이처럼 없는 것에 집중하면 우울해진다.

> 어떠한 형편에든지
> 나는 자족하기를 배웠노니_빌립보서 4:11

엘리야는 까마귀 배달 음식에도 감사했다.
하박국은 다 없어도 주님만으로 만족했다.
바울은 로마감옥 격리를 오히려 기뻐했다.
예수님은 머리 둘 곳 없어도 늘 행복했다.
신앙 선배들은 스스로 자족(自足)했다.
없는 것에 집중하며 우울해하지 않았다.

오늘도 고개를 절레절레 흔들며
주님이 주신 복을 하나하나 세어본다.
아무리 생각해도 주신 것이 너무 많다.

오늘의 일정

_____
_____
_____
_____
_____
_____
_____
_____
_____
_____
_____

우선순위

삶의 적용

우선순위	삶의 적용

감사 & 기도의 향기

_____
_____
_____
_____

각기 종류대로

검정 봉투를 받았다. 열어보니 고추였다.
녹광고추, 청양고추, 꽈리고추, 오이고추 등
고추가 종류대로 들어간 고추 종합세트였다.
그러면서 한마디, "꽈리고추는 된장에 찍어서 드세요~"
새로운 레시피대로 꽈리고추를 된장에 찍어 와삭!
완전 새로운 맛이었다.
다른 고추와는 차별화된 독특한 풍미가 화~악 풍겼다.

땅은 풀과 씨 맺는 채소와
각기 종류대로 씨 가진 열매 맺는 나무를 내라_창세기 1:11

같은 모양, 같은 초록의 고추들도
각각의 독특한 맛을 내듯,
사람도 각기 종류대로 성격의 맛을 낸다.
매운 사람, 아삭한 사람, 상큼한 사람, 밋밋한 사람...
그러니 나와 다르다고 비난하지 말고,
오히려 성격의 유니크한 맛과 향을 즐겨보자.
그중엔 꽈리고추 같은 사람도 있을 것이다.

향기묵상 다이어리

오늘의 일정

우선순위

삶의 적용

감사 & 기도의 향기

그림자

길을 걷는데 내 앞에 갑자기
그림자가 나타나 말을 걸었다.
"상훈 씨, 사느라고 고생이 많습니다!"

> 그는 변함도 없으시고
> 회전하는 그림자도 없으시니라 _야고보서 1:17

그림자가 있다는 것은 해 아래에서 산다는 증거!
사람은 슬프게도 그림자 같은 인생의 짐이 따라다닌다.
하지만 반가운 소식도 있다.
그 인생의 짐은 영원하지 않다는 것이다.
언젠가 우리는 해 아래 공간을 벗어나
그림자 같은 인생의 짐을 벗고
그림자 없는 새 하늘과 새 땅에 서게 될 것이다.
그러면 우리도 주님처럼 그림자 없이 살게 된다.
오늘도 그날을 바라보면 하루를 버텨본다.
나도 그림자에 말을 걸었다.
"그림자 씨, 당신은 영원하지 않습니다!"

오늘의 일정

_____
_____
_____
_____
_____
_____
_____
_____
_____
_____
_____

우선순위   ## 삶의 적용

_____   _____
_____   _____
_____   _____
_____   _____
_____   _____
_____   _____

감사 & 기도의 향기

_____
_____
_____
_____

관점의 습관

하얀 종이 위에 점 하나가 찍혀 있다.
무엇이 보이냐고 질문하면,
대다수 검은 점이 보인다고 말한다.
흰색 바탕이 보인다는 대답은 드물다.
관점의 습관 때문이다.
어릴 때부터 검은 글자만 집중하도록 훈련받아서
관점이 습관화된 것이다.

> 하늘에 계시는 주여
> 내가 눈을 들어 주께 향하나이다_시편 123:1

영적인 시선과 관점도 습관이다.
우리의 상황과 문제만 집중하도록,
우리의 목표와 욕심에 집착하도록,
훈련되고 습관화될 수 있다.
주님은 흰색 바탕처럼 언제나
내 삶의 현장 속에 가득 임재해 계신다.
고개를 살짝 들어보라. 눈을 돌려보라.
흰색 바탕의 주님이 보일 것이다.

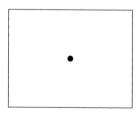

/   /   /

오늘의 일정

우선순위

삶의 적용

감사 & 기도의 향기

다시 시작!

세면대 배수구를 분해했다.
동전 크기 머리카락 뭉텅이가 쑤우~욱!
속이 뻥 뚫렸다. 시원했다.
처음부터 뭉텅이는 아니었을 터!
한 올 한 올 걸리고 엮이고 쌓이다 보니...

> 너의 이 악함을 회개하고 주께 기도하라
> 혹 마음에 품은 것을 사하여 주시리라_사도행전 8:22

한 올 한 올
죄와 허물을 잘 정리하자.
미루다 보면 걸리고 엮이고 쌓인다.
죄 뭉텅이가 되어 영을 묶을 수 있다.

자주 말씀의 거울을 들여다보자.
죄와 허물을 한 올 한 올 직면하자.
처절하게 뉘우치고
쿨하게 다시 시작하자.

오늘의 일정

우선순위

삶의 적용

감사 & 기도의 향기

하늘 입가심

오늘의 입가심은 천혜향!
산뜻한 향기가 텁텁함과 쓸쓸함을
상쾌하게 잡아준다.

> 하나님이 능히 모든 은혜를
> 너희에게 넘치게 하시나니_고린도후서 9:8

고단한 인생의 쓴맛으로 텁텁할 때,
거친 세상에 넘어져 쓸쓸할 때,
주님 주시는 천혜향으로
하늘 입가심을 하자.

하늘 천(天)
은혜 혜(惠)
향기 향(香)

텁텁하고 쓸쓸한 마음을
잡아줄 것이다.

오늘의 일정

우선순위

삶의 적용

감사 & 기도의 향기

제자면허증

장롱면허, 면허를 땄지만 여러 이유로
운전하지 못하는 사람의 면허를 말한다.

예수께서 열두 제자를 불러 ……
능력과 권위를 주시고_누가복음 9:1

우리에겐 주님이 발급해 주신
'제자면허증'이 있다.
예수님처럼 선한 영향력으로 세상을
멋지게 드라이브하라고 주신 거룩한 면허다.

마귀, 시련, 염려, 재물, 향락 등
궁색한 이유(누가복음 8:11~14)로
거룩한 면허를 장롱 깊숙이 넣어 두지 말자.
용기를 내서 제자면허증을 활용해 보자.

성령님께 운전 연수를 받고
말씀 내비게이션의 도움을 받아
멋진 드라이브로 세상을 주행하자!

오늘의 일정

우선순위

삶의 적용

감사 & 기도의 향기

익어간다

대봉이 익어간다.
책꽂이 한편에 익으라고 놓아둔
여섯 개의 대봉이 익어가고 있다.
재밌는 것은 익는 속도가 제각각이다.
어떤 것은 벌써 물렁물렁한데,
어떤 것은 아직도 딱딱하다.
그래도 익어가고 있다. 기다리면 된다.
하나하나 푹~ 익을 때까지!

> 너의 성숙함을 모든 사람에게 나타나게 하라
>
> _디모데전서 4:15

사람도 대봉처럼 익어간다.
인격도 익어가고, 언어도 익어가며,
믿음도 익어간다.
세월이 흐를수록 나도 푹~ 익어갔으면 좋겠다.
그런데 난 아직은 덜 익은 듯하다.
아니, 떫기까지 하다.
익어가는 대봉 여섯 개를 물끄러미 쳐다본다.

오늘의 일정

우선순위

삶의 적용

감사 & 기도의 향기

주일	월요일	화요일	수요일	

이달의 일정

목요일	금요일	토요일	
			열매_____
			1. 영혼 뜸 들이기
			2. 용부행
			3. 영혼의 알람 소리
			4. 1분 상상법
			5. 24K 단련
			6. 둥글 영혼
			7. 한구석 비추기
			8. 예수프레소
			9. 가시밭에 백합화
			10. 삶결
			11. 예쁘게 살아요
			12. 솔직하게
			13. 편견의 눈
			14. 깡교인
			15. 직면
			16. 손톱처럼
			17. 라떼 신앙
			18. 하늘 블랙박스
			19. 계산 없는 사랑
			20. 좋은 마음 현실화
			21. 예수근성
			22. 마음 튜닝
			23. 귤 같은 사람
			24. 믿음 입맛
			25. 껍데기를 깨야
			26. 믿음의 폼
			27. 제자리로
			28. 이 땅의 배설물
			29. 인생 유통기한
			30. 초심
			31. 관리

영혼 뜸 들이기

[뜸 들이기를 시작합니다!]
전기밥솥 안내 멘트다.
사실 밥은 다 됐다.
김도 빠지고, 밥솥 가열도 멈췄다.
그런데 웬 뜸 들이기?
불편하고 지루해도 참아야 한다.
밥알 하나하나를 온기로 품어내야
더 맛있는 밥이 되기 때문이다.

> 여호와 앞에 잠잠하고 참고 기다리라
>
> _시편 37:7

영혼에도 뜸 들이기가 필요하다.
열받은 일상을 멈추고,
김 나는 자아를 식히며,
성령의 온기로 영혼을 품어내는 시간…
영혼이 맛있게 익어가는 시간이다.
[영혼 뜸 들이기를 시작합니다!]

/   /   /

오늘의 일정

우선순위   ## 삶의 적용

감사 & 기도의 향기

용부행

용부행, 용돈을 부르는 행동을 말한다.
우리 집에서만 사용하는 줄임말이다.
딸이 책상에 앉아 미래를 준비한다.
나는 지갑을 열며 "용부행하네~"
아들은 시키지도 않았는데 빨래를 넌다.
또 지갑을 열며 "용부행하네~"
이렇듯 자녀들이 착한 행동을 하면
부모는 늘 기쁘고 행복하다.

주를 기쁘시게 할 것이 무엇인가
시험하여 보라_에베소서 5:10

주님이 기뻐하실 하늘 용부행은 무엇일까?
하늘 아버지의 은총의 지갑은 언제 열릴까?
그런 음흉한(?) 계산을 하면서
다시 새로운 하루를 다짐해 본다.

오늘의 일정

우선순위

삶의 적용

감사 & 기도의 향기

영혼의 알람 소리

'띠리리리리~' 알람 소리다.

귀에 거슬리는 듣기 싫은 소리다.

꿀잠을 방해하는 나쁜 소리다.

얼른 일어나 일하라는 귀찮은 소리다.

그런데 그 알람이 없다면 어떻게 될까?

끔찍하다. 일상은 엉망이 될 거다.

그러고 보면 알람은 특급 도우미인 셈이다.

> 그의 백성이 …… 그의 말씀을 멸시하며
>
> 그의 선지자를 욕하여_역대하 36:16

하나님은 이스라엘에 영혼의 알람 소리를 주셨다.

그러나 이스라엘은 선지자를 멸시하며 욕했다.

심지어 듣기 싫어 죽여 버렸다.

알람을 멸시한 그들은 결국 망했다.

우리도 영혼의 알람을 멸시하면 망한다.

성경, 성령, 교회, 영적 지도자...

내 영혼에는 알람이 잘 울리고 있는가?

오늘의 일정

우선순위

삶의 적용

감사 & 기도의 향기

1분 상상법

"아들, 바닷가에서 라면 먹으니 맛있지?"
"뉘에~ 뉘에~" 아들의 대답에 영혼이 없다.
사실 여기는 우리 집이다.
종종 써먹는 '1분 상상법'이다.
분주한 일상을 탈피하는 행복한 착각!
24시간 망상은 곤란하지만,
1분 상상쯤은 괜찮지 않을까?

> 믿음은 바라는 것들의 실상이요_히브리서 11:1

종종 새 하늘과 새 땅을 상상한다.
그날에 주님을 만나는 가슴 벅찬 상상!
성경 속 믿음의 선배들은 행복한 상상으로
늘 고난의 일상을 버티고 견뎌냈다.
눈 뜨면 지상(地上)이지만,
눈 감으면 천상(天上)이다.
'1분 상상법'으로
바닷가 라면도 먹었으니,
이제 행복하게 일하러 가야겠다.

／　　／　　／

오늘의 일정

우선순위

삶의 적용

감사 & 기도의 향기

24K 단련(鍛鍊)

반지마다 14K, 18K, 24K가 새겨 있다.

14K는 58.5%만 금이고, 18K는 75%만 금이지만,

24K는 100%가 금이다. 그럼, 14K를 24K로 만들 수 있을까?

가능하다. 단련(鍛鍊)하면 된다.

불로 체질을 녹여 불순물을 빼내면 된다.

> 그가 나를 단련하신 후에는
>
> 내가 순금 같이 되어 나오리라
>
> _욥기 23:10

욥은 재산, 자녀, 건강을 상실했다.

아내도 떠나고, 친구는 비아냥댔다.

믿었던 하나님은 침묵하실 뿐...

그러나 욥은 고통을

하나님의 단련으로 받아들이며

하루하루 버티고 견뎠다.

그 사이 욥의 믿음은

14K에서 24K로 단련되어 갔다.

어쩌면 요즘 나의 힘겨움도 단련일 수 있다.

/   /   /

오늘의 일정

우선순위   ## 삶의 적용

감사 & 기도의 향기

둥글 영혼

계곡 한가운데 둥글 바위,
처음부터 둥글둥글했을까?
아닐 것이다.

흐르는 물에 서서히 깎이고
세찬 계곡 바람에 다듬어지며
더위와 추위를 홀로 맞서
저리 보기 좋게 둥글둥글하게 된 것이다.
수많은 연단의 시간을 홀로 버텨낸
둥글 바위에 힘찬 박수를 보낸다.

> 여호와여 나를 살피시고 시험하사
> 내 뜻과 내 양심을 단련하소서 _시편 26:2

주님, 저도 단련하여 주소서!
주님의 생명수로 흘려 깎아 주시고,
성령의 바람으로 다듬어 주소서.
둥글둥글, 둥글둥글한 성도가 되게 하소서.

오늘의 일정

우선순위

삶의 적용

감사 & 기도의 향기

한구석 비추기

카페 한구석,
작은 전구가 빛을 내고 있다.
눈부시지 않아도, 화려하지 않아도
따스한 빛을 비추고 있다.
주목받지 않는 자리에서
소박하고 소소하게.
소리 없이 묵묵하게.

너희 빛이 사람 앞에 비치게 하여 ……
너희 착한 행실을 보고_마태복음 5:16

착한 행실을 사람 앞에 비추신 예수님.
나사렛 30년 가정에서도,
갈릴리 3년 동네에서도,
골고다 언덕 십자가에서도,
소박하고 소소하게.
소리 없이 묵묵하게.

오늘의 일정

우선순위

삶의 적용

감사 & 기도의 향기

예수프레소

에스프레소+물=아메리카노
에스프레소+우유=카페라테
에스프레소+우유+초콜릿=카페모카

모든 커피에는 에스프레소 ¼컵이 꼭 들어간다.
빠른 시간에 강한 압력으로 추출한
이탈리아식 고농축 커피, 에스프레소!
에스프레소 빠진 커피는 커피가 아닌 셈이다.

> 무슨 일을 하든지 마음을 다하여 주께 하듯 하고
> 사람에게 하듯 하지 말라_골로새서 3:23

예수 빠진 예수쟁이는 없다.
그리스도 빠진 그리스도인도 없다.
예수프레소 빠진 성도는 성도가 아닌 셈이다.
그래서 오늘도 다시 내 생활 속에
예수프레소 ¼컵을 부어 본다.

오늘의 일정

우선순위

삶의 적용

감사 & 기도의 향기

가시밭에 백합화

백합화는 상처를 입을 때
더욱 향기를 발하고,
성도는 시험을 당할 때
더욱 찬송을 발한다.

소나무는 상처를 입을 때
찐한 송진을 토해내고,
성도는 고난을 당할 때
더욱 기도를 토해낸다.

> 한밤중에 바울과 실라가 기도하고
> 하나님을 찬송하매 죄수들이 듣더라 _사도행전 16:25_

가시처럼 시험이 날 찌르는가?
상처 주는 고난 때문에 아픈가?
기도하자! 찬송하자!
가시밭에 백합화~
예수 향기 날리니~

오늘의 일정

우선순위

삶의 적용

감사 & 기도의 향기

삶결

어떤 모양, 상태, 무늬를 '결'이라 한다.
물결은 물의 모양이고,
살결은 피부의 상태이며,
나뭇결은 나무의 무늬다.
존재하는 모든 것은 '결'을 지닌다.
보이지 않는 숨조차 숨결이 있듯,
나의 삶에도 결이 있을 것이다.
이른바 '삶결'. 삶의 모양, 상태, 무늬.

> 우리는 …… 모든 일에 머리 되신
> 그리스도를 닮아가야 합니다.
>
> _에베소서 4:15, 현대인의성경

성경은 지속해서 응원한다.
삶결이 예수님을 닮아가야 한다고.
나의 삶결에 예수님의 모양이 새겨지고,
나의 삶결에 예수님의 무늬가 각인되길
오늘도 간절히 기도해 본다.

오늘의 일정

우선순위

삶의 적용

감사 & 기도의 향기

예쁘게 살아요

"예쁘게 걸어요!"
할머니의 잔소리다.
장난스럽게 걷는 손녀를 향한 외침이다.
내 눈에는 귀엽기만 한데,
할머니 눈에는 걱정스러운가 보다.
습관이 될까 봐 그러시는 거다.
하지만 어린 손녀는 아랑곳하지 않는다.

> 너희가 진리를 순종함으로
> 너희 영혼을 깨끗하게 하여_베드로전서 1:22

내 모습이다. 하나님은 걱정스레 말씀하시지만,
난 아랑곳하지 않는다. 내 맘대로, 내 뜻대로.
그래서 습관으로 굳어진 못된 모습이
어디 한두 가지일까?
늦었지만, 그래서 오늘도 귀 기울일 작정이다.
성령님이 거룩한 잔소리를 하신다.
"예쁘게 살아요!"

오늘의 일정

우선순위

삶의 적용

감사 & 기도의 향기

솔직하게

참외, 호박, 수박은 모두 한 가족!
박과에 속한 덩굴식물이다.
그러나 각자 개성이 강하다.
참외는 껍질이 노랗게 변하면 익은 거다.
반면, 호박은 무난하다.
색깔 상관없이 적당히 커지면 된다.
그런데 수박은 까다롭다. 도무지 속을 모른다.
덜 익었는지, 푹 익었는지 알 수 없다.
쪼개봐야 안다.

> 너는 먼저 안을 깨끗이 하라
> 그리하면 겉도 깨끗하리라_마태복음 23:26

바리새인에게 하신 경고다.
바리새인은 속을 알 수 없는 수박 같았다.
주님은 수박같이 음흉한 사람보다는,
호박이나 참외처럼 투명한 사람을 좋아하신다.
덜 익었으며 덜 익은 대로 주님께 솔직하게 나아가자.
수박처럼 익은 체하지 말고...

오늘의 일정

우선순위

삶의 적용

감사 & 기도의 향기

편견의 눈

나방이 들어왔다.
한참을 이리저리 날아다닌다.
인상이 찌푸려진다. 긴장한다.
병균이라도 전염시킬 것 같은 불쾌한 거부감이 생긴다.
나의 소중한 휴식을 방해하는 나방.
그 나쁜 님을 쫓아내야겠다고 결심하고
몸을 일으켰다. 그리고 안경을 썼다.
그런데 Oh my goodness! 나비였다.

> 너희는 유대인이나 헬라인이나 종이나 자유인이나
> 남자나 여자나 다 그리스도 예수 안에서 하나이니라
> _갈라디아서 3:28

나의 편견의 눈이 나비를 나방으로 둔갑시킨 것이다.
사실 나비나 나방이나 한 끗 차이다.
모두 하나님의 작품이다.
'나방은 나쁘다'는 내 편견이 경계심을 만든 것일 뿐…
나의 편견의 눈 위에 예수의 안경을 껴보자.
모든 사람은 형제가 된다.

오늘의 일정

_____
_____
_____
_____
_____
_____
_____
_____
_____
_____
_____

우선순위

_____
_____
_____
_____
_____
_____

삶의 적용

_____
_____
_____
_____
_____
_____

감사 & 기도의 향기

_____
_____
_____
_____

깡교인

인천항에도 어김없이
깡매기가 살고 있다.
새우깡 먹고사는 갈매기.
닭둘기와 비슷한 족속들.
저 깡매기들은 새우깡에
적응한 걸까, 타협한 걸까?

> 이는 우리가 믿음으로 행하고
> 보는 것으로 행하지 아니함이로라
>
> _고린도후서 5:7

세상이 던져주는 새우깡.
그것을 덥석 받아 물고는
잘 적응하고 있다고 스스로 위안 삼으며
배를 두드리고 있는가? 그것은 타협 아닌가?

나도 저 깡매기처럼 세속적 타협을 믿음의 적응으로
위안 삼아 버리는 깡교인은 아닌지
깊은 생각에 빠진다.

오늘의 일정

우선순위

삶의 적용

감사 & 기도의 향기

직면

[회중과 눈을 마주쳐라.

설교할 때 미소 지어라.

셔츠는 밝은 것으로 입어라.]

선배가 설교 영상을 본 뒤 문자를 보내왔다.

기분 나빴다. 빈정이 상했다.

25년 경력, 쉰 넘은 목사가 들을 충고는 아니었다.

> 아무 것도 되지 못하고 된 줄로 생각하면
>
> 스스로 속임이라 각각 자기의 일을 살피라
>
> _갈라디아서 6:3~4

다시 영상을 보았다. 선배가 옳았다.

더 좋은 설교자가 되라는 속 깊은 족집게 충고!

나의 거울이 되었다. 하나님께 감사했다.

거울 같은 선배, 거울 같은 말씀을 통해

나를 직면하게 하심을...

된 줄로 생각하는 나의 자만을

이제라도 보게 하심을...

／ ／ ／

오늘의 일정

우선순위

삶의 적용

감사 & 기도의 향기

손톱처럼

어느새 손톱이 또 자랐다.

조심스레 손톱을 깎는데 마음이 시리다.

이제 내 몸에서 자라는 건

손·발톱, 수염, 그리고 머리카락뿐이다.

그 외 신체 기관은 퇴화할 뿐...

> 예수 그리스도의 은혜와
>
> 그를 아는 지식에서 자라 가라
>
> _베드로후서 3:18

나의 믿음은 어떨까?

퇴화하고 있을까, 자라고 있을까?

믿음이 손톱만큼이라도 자랐으면 좋겠다.

아니, 손톱처럼만 자랐으면 좋겠다.

소리 없이 자라고 또 자라는 손톱처럼,

나의 믿음도 그렇게 자랐으면 좋겠다.

오늘의 일정

_____
_____
_____
_____
_____
_____
_____
_____
_____
_____

우선순위

삶의 적용

감사 & 기도의 향기

_____
_____
_____
_____

라떼 신앙

"나 때는 말이지~"
청년들이 제일 듣기 싫어하는 말이다.
'나 때는, 나 때는' 하면서 전하는
구구절절 옛이야기, 좋아할 사람 없다.
라떼 멘트는 꼰대가 하는 행동이다.
아마도 과거에 잘 나갔던 그 모습이
지금의 자신이길 바라는 것일까?

오직 한 일 즉 뒤에 있는 것은 잊어버리고
앞에 있는 것을 잡으려고_빌립보서 3:13

라떼 신앙도 있다.
"나 때는 기도 많이 했다~"
"나 때는 예배를~ 나 때는~"
하지만 주님은 지금 신앙을 보신다.
그때가 좋았다는 추억 신앙,
라떼 신앙을 버리고 지금 신앙을 점검해 보자.
어제의 은혜로 오늘을 살 수 없다!

/   /   /

오늘의 일정

우선순위

삶의 적용

감사 & 기도의 향기

하늘 블랙박스

아무도 없는 지하 주차장,
코에 딱지 발생!
사회적 지위를 무시한 채,
문제를 해결해야만 했다.
고개를 살짝 들어 검지로...
그런데 사방에서 불빛이 반짝거렸다.
수십 대의 차량 블랙박스들이
불꽃 같은 렌즈로 날 지켜보고 있었다.
등골이 오싹했다. '아뿔싸!'
코를 후비려는 손가락을 얼른 내렸다.

> 여호와의 눈은 온 땅을 두루 감찰하사
>
> _역대하 16:9

주님의 눈은 온 세상 블랙박스다.
나의 삶, 나의 맘 모두 지켜보고 계신다. 왠지 든든하다.
고갤 들어 주님을 향해 손을 흔들어본다.
하늘 블랙박스에서 반짝하며 신호를 보낸다.
"지켜보고 있을게~"

오늘의 일정

우선순위

삶의 적용

감사 & 기도의 향기

계산 없는 사랑

오가는 현찰 속에 싹트는 우리 우정!
우스갯소리다. 하지만 진리가 담겨 있다.
친구 사이에는 끊임없이 무언가 오간다.
현찰뿐 아니라 감정과 정보도 오간다.

친구는 사랑이 끊어지지 아니하고_잠언 17:17

그런데 친구의 사랑이 끊어지는 경우가 있다.
"나는 이만큼 줬는데, 너는 요것밖에 안 줘!"
이런 식으로 사랑을 계산하기 시작하면
그때부터 사랑은 거래로 변질된다.
거래는 손해 볼 때 서운해지고,
서운함은 사랑에 균열을 만들며,
균열은 사랑을 결국 끊어지게 한다.
그러니 친구 사이에 계산하지 말자.
아니, 모든 인간관계에서 계산하지 말자.
계산 없이 사랑을 주고 계시는
우리 친구 예수님처럼(요한복음 15:14).

/   /   /

오늘의 일정

우선순위

삶의 적용

감사 & 기도의 향기

좋은 마음 현실화

"언제 밥 한번 같이 먹어요!" 좋은 마음이다.
"나중에 맛있는 거 사 줄게요!" 선한 뜻이다.
그런데 딱 거기까지! 이렇게 두루뭉술하게
미뤄버린 식사 약속이 얼마나 많던가?

> 네 손이 …… 베풀 힘이 있거든 ……
> 다시 오라 내일 주겠노라 하지 말며
>
> _잠언 3:27~28

이웃사랑을 뒤로 미루지 말라는 말씀이다.
나눔은 계획과 실행이 있어야 비로소 현실이 된다.
그렇지 않으면 자꾸 뒤로 미루게 된다.
좋은 마음, 선한 뜻이 눈에 보이는 현실이 되려면
구체적으로 계획을 세워 실천해야 한다.
말로 백번 밥을 사는 것보다
사탕 하나부터 건네는 것이 훨씬 낫다.
예수님은 말과 혀로만 우리를 사랑하지 않으셨다.
신(神)을 버리고 인간이 되셨다.
인간의 몸도 십자가 위에서 다 내어주셨다.

/   /   /

오늘의 일정

우선순위

삶의 적용

감사 & 기도의 향기

예수근성

냄비근성, 노예근성, 거지근성...
근성(根性)이란 뿌리 근(根), 성질 성(性).
뿌리 깊게 박혀서 고치기 힘든 성질을 말한다.
누구나 근성이 있다. 태어날 때부터 지니고 있거나
오랜 시간 습관으로 자리 잡는다.
그래서 고치기 힘들다고 한다.

> 그리스도 예수의 사람들은 육체와 함께
> 그 정욕과 탐심을 십자가에 못 박았느니라
> _갈라디아서 5:24

그러나 그리스도인은 근성(nature)을 고칠 수 있다.
날마다 근성을 십자가에 못 박으면 된다.
영혼의 밭을 말씀으로 갈아엎고
쓰디쓴 뿌리들을 기도로 솎아내면 된다.
영혼의 밭에 새로운 말씀의 씨를 심고
성령의 꽃이 피고 열매를 맺어 가면 된다.
예수근성이 뿌리내리는 사람이
진짜 그리스도인이다.

향기묵상 다이어리

오늘의 일정

우선순위

삶의 적용

감사 & 기도의 향기

마음 튜닝

통기타는 여섯 줄,

한 줄이라도 음을 이탈하면 불협화음(discord)을 낸다.

그래서 연주 전에는 반드시 조율(튜닝)의 과정을 거친다.

조율은 아름다운 화음을 위해 반드시 거쳐야 하는 과정이다.

음이 너무 높으면 줄을 풀어 낮춘다.

반대로 너무 낮으면 줄을 조여 높인다.

기타는 세밀하게 조율된 후에야

비로소 아름다운 화음을 낸다.

> 주 앞에서 낮추라 그리하면 주께서 너희를 높이시리라
>
> _야고보서 4:10

오늘도 주님 앞에서 마음 조율(튜닝)을 해본다.

혹시 높아진 마음이 있다면 낮춘다.

혹시 너무 염려하며 의기소침해 있다면

마음을 추슬러 본다.

주님의 응원과 위로를 불어넣는다.

오늘도 나를 통해

아름다운 화음이 연주되길 기도하면서...

오늘의 일정

우선순위

삶의 적용

감사 & 기도의 향기

귤 같은 사람

귤은 보기도 좋고 향기도 좋다.
까기도 편하고 먹기도 편하다.
달고 맛있다.
영양도 최고다.
심지어 껍질까지 차의 재료로 내어준다.
버릴 것 하나 없이 귀하다.

> 우리는 구원 받는 자들에게나 망하는 자들에게나
> 하나님 앞에서 그리스도의 향기니_고린도후서 2:15

나도 귤 같은 사람이 되고 싶다.
귤처럼 보기 좋은 사람,
향기가 나는 사람,
맛을 내는 사람,
영양가 있는 사람,
껍질까지라도 아낌없이 주는 사람,
알이 꽉 찬 그런
귤 같은 사람이 되고 싶다.

오늘의 일정

우선순위

삶의 적용

감사 & 기도의 향기

믿음 입맛

'초딩 입맛'이라는 편의점 도시락을 보았다.
분홍 소시지, 돈가스, 치킨, 계란말이에 케첩까지...
와~ 딱 내 취향이었다. 대만족이었다.
하지만 난 사지는 못했다.
계산대 청년이 은근히 신경 쓰였기 때문이다.
'중년 아저씨가 초딩 입맛이라니~'
나의 덜 자란 입맛을 피식거릴 것만 같았다.

> 장성한 사람이 되어서는 어린 아이의 일을 버렸노라
>
> _고린도전서 13:11

믿음에도 입맛이 있다.
얕고 어린 믿음의 맛만 찾을 것이 아니라
더 깊고 장성한 믿음의 맛을 알아가야 한다.
'믿음 입맛 성장 계획'이 있는가?
아직 없다면 늦지 않았다. 세워보자.
편의점을 나오며 살짝 후회했지만,
여러 면에서 잘 포기한 듯하다.

오늘의 일정

우선순위

삶의 적용

감사 & 기도의 향기

껍데기를 깨야

호두를 선물 받았다.

세계 10대 건강식품 호두는

면역력을 높여주고 노화를 늦춰준다.

선물하신 분의 마음이 담긴 귀한 선물이었다.

그런데 난감했다.

호두의 딱딱한 껍데기를 어떻게 깰지 몰랐다.

'목사님께 숙제를 드리는 것 같네요'라는

그분의 인사말이 순간 메아리쳤다.

세어보니 114개의 호두 알, 숙제가 맞았다.

> 주의 말씀의 맛이 내게 어찌 그리 단지요
>
> 내 입에 꿀보다 더 다니이다 _시편 119:103

성경은 호두와 같다.

딱딱한 껍데기를 깨야

비로소 꿀보다 단 메시지를 먹을 수 있다.

오늘도 성경의 껍데기를 깨는 숙제 앞에 마주 선다.

그 숙제를 하지 않으면 나도, 성도들도

영혼의 건강식품을 먹을 수 없으니 말이다.

/   /   /

오늘의 일정

우선순위

삶의 적용

감사 & 기도의 향기

믿음의 폼

매일 슈팅 연습 오른발 500, 왼발 500!
손흥민 선수의 훈련 방식이었다.
매일 6시간씩 8년간 세 바퀴 회전!
김연아 선수의 훈련 방식이었다.
매일 15킬로미터 수영!
박태환 선수의 훈련 방식이었다.

> 망령되고 허탄한 신화를 버리고
> 경건에 이르도록 네 자신을 연단하라
> _디모데전서 4:7

무언가 배우거나 익히기 위해서
반복적으로 되풀이 연습하는 훈련!
경건의 훈련도 예외는 아니다.
믿음 연습을 하고, 또 하고, 또 해서
말씀이 뼛속까지 내면화되는 것이다.
그래서 결정적인 삶의 순간에도
멋진 믿음의 폼이 튀어나오도록 하는 것이다.

오늘의 일정

우선순위

삶의 적용

감사 & 기도의 향기

제자리로

스물여섯 권의 책들,

원래는 교회 목양실에 있어야 할 책들이다.

그런데 집에서 읽어 보겠다고 한 권, 두 권...

들고 오다 보니 스물여섯 권이나 쌓이게 된 것이다.

심지어 일 년 전에 갖다 놓은 책도 있다.

야심 차게 종이가방 두 개에 나눠 담았다.

옮기느라 무거웠지만,

제자리로 되돌려놓으니 속이 다 후련했다.

처음 행위를 가지라_요한계시록 2:5

혹시 제자리로 되돌려놓아야 할 신앙의 모습은 없는가?

주님으로부터 너무 멀리 오지 않았는가?

우리의 제자리는 주님이다.

제자리에 있어야 우리의 영혼은 후련하다.

다시 되돌아가는 것이 힘들겠지만

그래도 해보자.

더 미루면 더 힘들다.

지금, 여기에서부터 다시 해보자.

오늘의 일정

우선순위

삶의 적용

감사 & 기도의 향기

이 땅의 배설물

내린다. 물을 내린다.
조금도 주저하지 않고 내린다.
변기 안에 그것이 아까워서
몇 날 며칠을 쌓아두지 않는다.
그것은 고민 없이 빨리 버려야 할
배설물(rubbish)에 불과하기 때문이다.

예수님은 머리 둘 곳조차 없으셨다.
하늘로 가실 그분에게
땅의 소유 따위는 배설물이었다.
바울도 마찬가지였다.

> 내가 그를 위하여 모든 것을 잃어버리고
> 배설물로 여김은_빌립보서 3:8

어쩌면 나는 영원으로 하늘로 가져가지 못할
땅의 배설물을 껴안고 오늘도 고민에 잠겨 있는 듯하다.
시원하게 물도 못 내린 채...

오늘의 일정

우선순위

삶의 적용

감사 & 기도의 향기

인생 유통기한

고추장 용기에 찍혀 있는
유통기한이 눈에 들어왔다.
인생에도 유통기한이 있을까?
있다. 분명히 있다.

> 인생은 그 날이 풀과 같으며
> 그 영화가 들의 꽃과 같도다
>
> _시편 103:15

인생은 언젠가 죽는다.
향기 진동하던 꽃이 점점 시들어가듯
인생도 점점 시들고 결국 죽는다.
전도서 말씀처럼 인생은 헤벨(수증기, 헛됨)이다.
갑자기 정신이 번쩍 든다.
그 유통기한이 오늘일 수도 있다.
부지런히 하루하루 나의 사명을 다하자.

오늘의 일정

우선순위

삶의 적용

감사 & 기도의 향기

초심(初心)

가게 간판에 '初心(초심)'이 적혀 있다.
사장님의 마음이 엿보인다.
안 봐도 비디오다. 눈에 선하다.
이 가게 사장님은 고객을 대할 때마다
매 순간 처음 가졌던 그 마음,
초심으로 설 것이 분명하다.

> 너의 처음 사랑을 버렸느니라 ……
> 회개하여 처음 행위를 가지라_요한계시록 2:4~5

내 마음에도 초심 간판을 다시 걸어 본다.
목사 안수 받을 때의 목사 초심.
결혼 서약할 때의 남편 초심.
첫아이를 품에 안을 때의 아빠 초심.
교회 개척할 때의 목양 초심.
그리고 뜨거운 가슴으로
주님을 사랑했던 믿음 초심.

오늘의 일정

우선순위

삶의 적용

감사 & 기도의 향기

관리(management)

쌓인다. 빨래도 쌓이고,
그릇도 쌓이며, 먼지도 쌓인다.
하루만 건너뛰어도 착착 쌓인다.
나중에 해야지, 내일 해야지 할 때마다 착착 쌓인다.

> 게으른 자여 네가 어느 때까지 누워 있겠느냐
> 네가 어느 때에 잠이 깨어 일어나겠느냐_잠언 6:9

죄도 그렇다. 스트레스도 그렇다.
살도 그렇다. 갚을 돈도 그렇다.
그때그때 해결하지 않으면 착착 쌓인다.

영혼도, 마음도, 몸도, 재정도
부지런한 관리가 필수적이다.
게으른 사람은
주님도 어떻게 하실 수 없다.

관리(management),
다시 시작해 보자!

오늘의 일정

우선순위

삶의 적용

감사 & 기도의 향기

기독교인을 위한

향기묵상
다이어리